LUXUSAUTOS

Texte und Fotos von
FRANCO MAZZA

MOEWIG

Deutsche Erstausgabe
Aus dem Italienischen von
Gabrielle Del Siena-Buser

Bearbeitung: Media Print Service,
Dr. Burkhard Busse, Köln
Titelfoto: Auto Zeitung, Köln
Auslieferung in Österreich:
Pressegroßvertrieb Salzburg
Gesellschaft m.b.H.,
Niederalm 300, A-5081 Anif
Printed in Italy 1992
Gesamtherstellung: Mondadori,
Verona
ISBN: 3-8118-8635-5

Einleitung

Diesem Buch ging der Wunsch voraus, einen kurzen Überblick über den Entwicklungsprozeß des Luxusautos innerhalb der Automobile im allgemeinen zu geben.
Mit Hilfe einer Reihe von Fotos soll aufgezeigt werden, wie sich die Stilistik dieses speziellen Automobiltyps im Laufe der Jahre verändert hat. Von Beginn an verkörperte das Luxusauto Finanzkraft, soziale Stellung und war es Statussymbol seines Besitzers.
Der Textteil dieses Buches ist bewußt kurz gehalten, und es fällt somit den Bildern zu, Formen, Dimensionen und besondere Eigenschaften dieser Entwicklung hervorzuheben, die innerhalb eines Jahrhunderts ein unzuverlässiges und unberechenbares Transportmittel zu dem heute im allgemeinen zuverlässigen und lenkungsfreundlichen Produkt machte.
Die in diesem Buch gezeigte Werbung aus Katalogen und Veröffentlichungen der damaligen Zeit hebt zudem die verschiedenen Aspekte der Beziehung zwischen Mensch und Automobil hervor; diese Beziehung war schon immer ein beliebtes Ziel der Werbung.
In der gleichen Absicht wird auch das kulturelle Umfeld beschrieben, und zwar mit Hilfe von Artikeln der damaligen Presse, die zum Verständnis unseres Themas beitragen sollen.
Alles in allem präsentieren wir hier ein Buch, das dazu einlädt, das Automobil als eines der wichtigsten Erzeugnisse unserer Zeit zu betrachten und zu begreifen.

Das Coupé de ville

Im Prinzip ist jedes Automobil ein Luxusartikel. Das will heißen, daß nicht jeder sich eines leisten kann, sondern nur, wer über die notwendigen Mittel verfügt. Zum extrem hohen Anschaffungspreis kommen in der Folge weitere hohe Kosten für den Unterhalt. Zu Anfang des Jahrhunderts mußte zudem das Gehalt des Chauffeurs einkalkuliert werden, der das manchmal heimtückische und komplizierte Fahrzeug zu lenken hatte.
Kleine und große Automobilhersteller erkannten bald, daß sie preislich günstigere Autos produzieren sollten, doch gestaltete sich die Realisierung alles andere als einfach. Während mehrerer Jahre war das Coupé de ville der einzige Fahrzeugtyp, der ein Minimum an Zuverlässigkeit bot.
Bei diesem Auto befand sich der Fahrersitz im Freien und war vom eigentlichen, geschlossenen Abteil für die Passagiere abgetrennt. Zur Ausrüstung gehörten ein Motor mit großem Hubraum, ein breites und robustes Fahrgestell sowie eine stattliche Karosserie, die derjenigen einer Pferdekutsche glich.
Es dauerte jedoch nicht lange, da wollten die Besitzer ihre neuen und revolutionären Transportmittel selbst lenken. Dies nicht etwa aus Gründen der Sparsamkeit, sondern um zu beweisen, daß sie einen Motorwagen zu beherrschen verstanden.
Für die Hersteller von Luxusautos drängte sich damit die Notwendigkeit auf, die Bedienung der Autos, insbesondere deren Lenkung, zu vereinfachen.
Zu dieser Problematik greifen wir auf einen Werbetext der amerikanischen Firma Hupmobil zurück, eines der großen Hersteller jener Zeit, der 1914 in der Mainummer der *Rivista mensile del Touring Club Italiana* erschien. Dem ausführlichen Text entnehmen wir die folgenden Ausführungen:

„Wer hätte vor fünf Jahren geglaubt, daß wir eines Tages Autos mit absolut geräuschlosem Motor haben, daß dieser allein

durch die Betätigung eines Schalters gestartet werden kann, ohne das Risiko eines Armbruches einzugehen, daß Scheinwerfer und Lichter auf Knopfdruck eingeschaltet werden können und daß auch die Hupe auf diese Weise funktioniert? . . . Und wer hätte geglaubt, daß all diese Dinge mit Hilfe elektrischer Energie arbeiten, die vom Motor selbst produziert wird, daß Scheinwerfer und Lichter weder Öl noch Acetylen brauchen und daß die Akkus automatisch mit

BRASIER RD Coupé Chauffeur, 1907. Vierzylindermotor, 2300 cm^3, 65 km/h. Der französische Hersteller wurde durch den zweimaligen Gewinn des Gordon- Bennet-Cups international bekannt. Auf diesem Bild ein klassisches Luxusauto mit Chauffeur: hochwertiges Material und exakte Verarbeitung für eine anspruchsvolle Klientel.

der überflüssigen Motorenergie aufgeladen werden?
Dieser Wunschtraum ist nun Wirklichkeit geworden und hat gleichzeitig zu einer Senkung der Anschaffungs- und Unterhaltskosten beigetragen. Sprechen wir vom Hupmobil, einem Auto, das aus den besten in den Vereinigten Staaten verfügbaren Materialien hergestellt wird. Das Hupmobil ist ein langlebiges Auto, ein Zwei-, Fünf- oder Siebensitzer. Es ist mit allem erdenklichen

Zubehör der besten Zulieferfirmen versehen, z.B. Bosch-Magnetzünder, Zénith-Vergaser, Monoblock-Langstreckenmotor, Metallscheibenkupplung, schwebende Hinterachse, Kardanantrieb und so weiter. Seine Leistung und der geringe Verbrauch sind die richtige Antwort auf die Anforderungen der Berufsfahrer und derjenigen Leute, die gewerbsmäßig auf dem Lande unterwegs sind. Zwar kann und will das Hupmobil nicht mit den Autos konkurrieren, die 16-20000 Lire kosten, doch trägt es insofern zum Sparen bei, als der Fahrer anstelle seines

LE ZEBRE A Torpedo, 1913, Ein- oder Vierzylindermotor, 600 oder 785 cm^3, 60 km/h. Die kleinen, sparsamen und robusten Torpedos waren beim französischen Bürgertum recht beliebt. Das künstlerische Finish ist qualitativ immer hervorragend. Da die leichte Lenkbarkeit keinen Verzicht auf Eleganz bedeutete, wurden diese Autos gerne von Damen gefahren.

Luxusautos diesen verbraucherfreundlichen Wagen für seine Alltagsfahrten benutzen kann. Kein Besitzer eines Autos mit 40-50 PS, einer Limousine oder eines Landaulet, sollte auf ein Touring Car Hupmobil verzichten, das gemäß den Worten eines römischen Automobilsachverständigen seinen Preis dank seines geringeren Benzinverbrauchs wert ist.
Jeder Hupmobil-Fahrer ist ein zufriedener Automobilist. Hunderte von Hupmobils haben in aller Welt ihre Fahrer glücklich gemacht."

Dies ist die Beschreibung eines amerikanischen Luxusautos zu Beginn des Jahrhunderts.

MARTINI GA Torpedo, 1912, Vierzylindermotor, 2412 cm^3, 12 PS. Die Schweizer Firma stellte gut ausgerüstete und qualitätsbetonte Fahrzeuge her, die jedoch preislich nicht konkurrieren konnten.

The
Pierce
Arrow

Werbung für PIERCE ARROW, 1909 (USA).

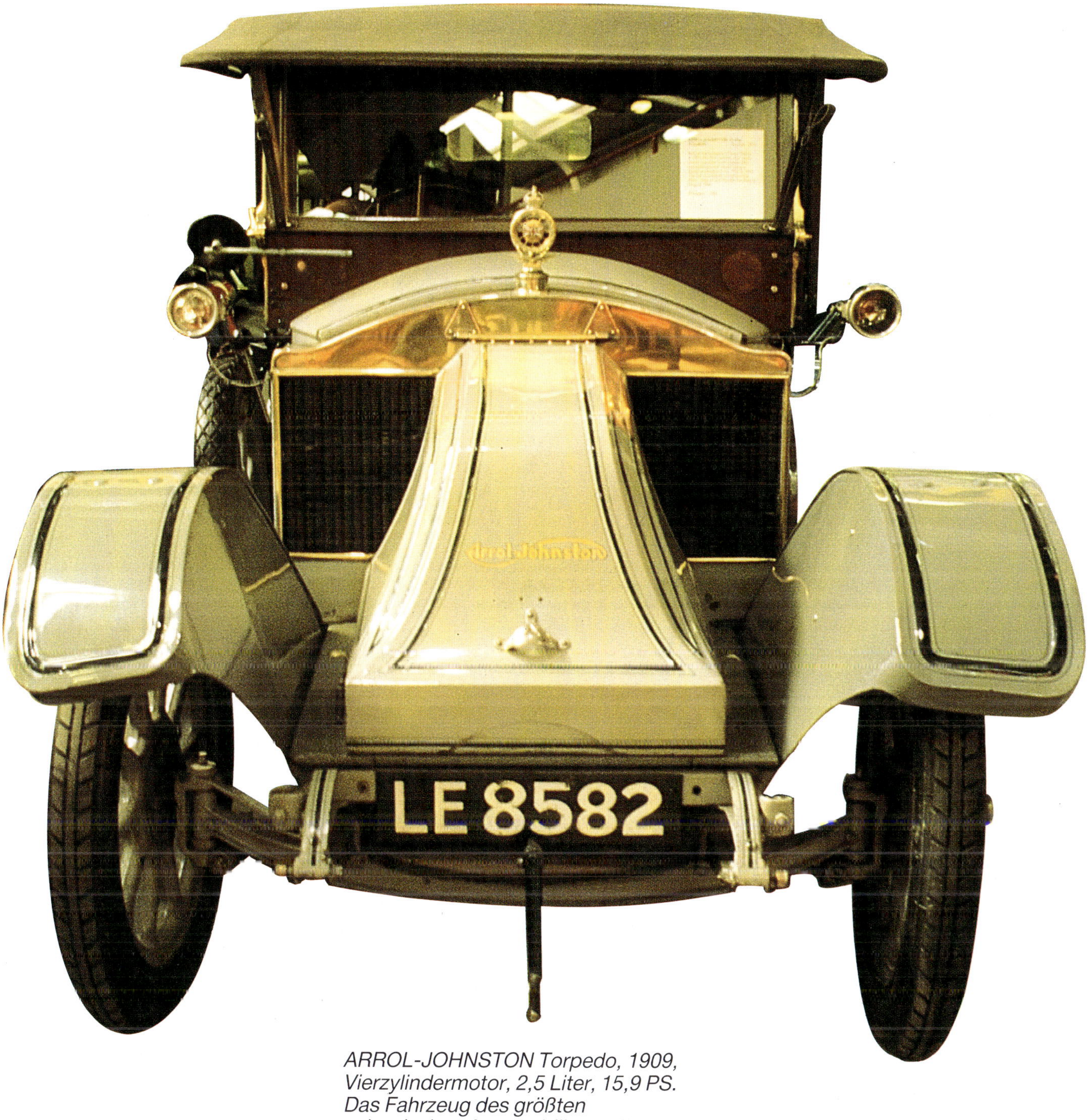

ARROL-JOHNSTON Torpedo, 1909, Vierzylindermotor, 2,5 Liter, 15,9 PS. Das Fahrzeug des größten schottischen Automobilherstellers hatte einen seltsamen, hinter dem Armaturenbrett eingebauten Kühler. Der Motor entspricht noch nicht der typischen Form der großen Luxusautos der Nachkriegszeit.

Werbung für BERLIET, 1913 (Frankreich).

Zu Anfang des Jahrhunderts werden im Automobilbau kostbare Materialien verwendet. Die kunstvolle Verarbeitung führt teilweise zu überraschenden Formen. Diese Details einer großen Reiselimousine Schweizer Fabrikats liefern ein gutes Beispiel. Die genauen Daten dieses Pic-Pic finden sich auf der nächsten Seite.

CH

PIC-PIC D2 Coupé Chauffeur, 1911, Vierzylindermotor, 2412 cm^3, 14 PS, 70 km/h. Dies ist der typische Reisewagen mit offenem Sitz für den Chauffeur und geschlossenem Kabinenteil für die Reisenden. Die Schweizer waren in der Automobilherstellung nie führend, aber ihre Produkte immer von hoher Qualität.

Die außergewöhnliche Dimension

Werbung für CADILLAC, 1925 (USA).

Zwischen 1920 und 1930 begann man, Automobile in Serien und mit großer Stückzahl zu produzieren. Ihre Verbreitung nahm zu, und das Auto war bald für fast jedermann erschwinglich.

Zuverlässigkeit und Bequemlichkeit gehören zur Serienausstattung. Das Luxusauto muß nun etwas mehr bieten, um als solches zu gelten.
Also legt man bei den Abmessungen zu: größere Motoren, größere Räder, größere Scheinwerfer, größere Kühlerhauben und größere Innenräume. Das Luxusauto nimmt außergewöhnliche Dimensionen an.
Diese Außergewöhnlichkeit hat sich bis heute erhalten.
Betrachtet man ein Fahrzeug aus jener Zeit genau, kommt man ins Staunen. Was man vor einem solch außergewöhnlichen Objekt verspürt, schildert Paul Badrè in einem Artikel über den legendären Automobilhersteller Hispano-Suiza in der Ausgabe April/Mai 1988 von *Auto in Vogue*:

„Der neue Hispano hatte beinahe nichts mit den Vorkriegsmodellen gemeinsam. Dafür war sein Motor direkt vom V8-Flugzeugmotor abgeleitet, dem die Marke ihre Berühmtheit verdankte. Es handelte sich um einen Sechszylinder-Reihenmotor mit 6 597 cm^3 (100 x 140 mm), mit einer Leistung von 135 PS bei 2400 Umdrehungen pro Minute. Der Motor entwickelte ein maximales Drehmoment von 45 mkg bei 1600 Umdrehungen pro Minute und einer Leistung von 45 PS. Der Motorblock in Leichtmetall-Bauweise war schwarz brennlackiert, was ihn nicht nur völlig undurchlässig machte, sondern ihm auch ein Finish der Spitzenklasse verlieh. Die blinden Zylinder in Gußeisen waren über die ganze Motorenlänge verschraubt, und der Sitz der

ISOTTA FRASCHINI, 8 Coupé de Ville, 1924, Achtzylindermotor, 6 Liter, 80 PS. Das von Rodolfo Valentino bevorzugte Fahrzeug verfügte über eine beachtliche Bodenhaftung und Beschleunigung. Mit seiner Karosserie von Cesare Sala und Castagna hatte es in Amerika großen Erfolg. Das Folgemodell 8A sicherte den definitiven Erfolg.

ROLLS-ROYCE. *In den dreißiger Jahren nahmen Leistung und Komfort der großen Luxusautos ständig zu. Der Kühlergrill mit ausgefallenen Figuren wurde zum mythischen Symbol dieser neuen und exklusiven Fahrzeuge.*

Ventile wurde nach dem Einbau bestimmt. Dies im Gegensatz zum V8-Flugzeugmotor, wo der Motorblock auf das Gehäuse verschraubt ist und nicht die Zylinder. Die Fixierschrauben waren von außen nicht sichbar, weil sie sich im Motorblock befanden. Sie waren jedoch leicht zugänglich, wenn man die Seitenwände entfernte. Eine elegante Lösung, die den guten Eindruck unterstrich. Die obenliegende Nockenwelle wurde ohne Abänderung vom Flugzeugmotor übernommen, zusammen mit dem Regelsystem für das Ventilspiel. Jeder Ventilschaft endete mit einer Scheibe (auch „Champignon" oder „Pilz" genannt), die mittels einer Klinke mehr oder weniger fest angezogen werden konnte und direkt von der obenliegenden Nockenwelle angetrieben wurde. Die Nockenwelle ihrerseits wurde von einer senkrechten Spindel im vorderen Motorenteil bewegt, die auch die beiden Delco-Verteiler (einer ihrer ersten Einsätze in Europa) und die Wasserpumpe antrieb.
Von seinen fliegenden Vorfahren hatte dieser Motor nicht nur sein geringeres Gewicht – er brachte mit allem Zubehör gerade 250 kg auf die Waage – und eine große Robustheit geerbt, sondern auch den typischen Klang.
Ein großer Teil der Motorengeräusche stammte vom Verteiler und von der direkten Steuerung der Ventile über die Welle.
Die dünnen Wände in Leichtmetallegierung bildeten zudem einen idealen Resonanzkörper für den unnachahmlichen Ton des Hispano, der Musik in den Ohren der Motorenliebhaber war.
Das Fahrgestell des H6 war dagegen eher klassisch und bestach, obwohl es dünner schien als das seiner Zeitgenossen, durch die solide Bauweise.
Insbesondere fehlten die sogenannten cantilever Federn im Heck, die sich auf die Bodenhaftung nachteilig

auswirkten. Die vorderen und hinteren Aufhängungen des H6 bestanden aus vier langen, halbelliptischen Blattfedern, die bei voller Ladung fast flach wurden. Die Hinterachse wurde zudem von einer Gelenkschubstange auf dem mittleren Rahmenquerträger gestützt.
Das Getriebe hatte nur drei Gänge, die dank der hohen Elastizität auch im niederen Drehzahlbereich ausreichten. Andererseits empfahl der Hersteller, „den direkten Gang einzukuppeln, sobald sich das Fahrzeug in Bewegung gesetzt hat und diesen nur in Ausnahmefällen herauszunehmen". Neben dem Getriebegehäuse befand sich eine Vorrichtung, die zur damaligen Zeit beträchtliches Aufsehen verursachte und als „Geheimwaffe des Hispano" galt, die Servobremse. Der H6 verfügte über Vorderradbremsen nach dem ausgezeichneten Perrot-System, das ab 1910 bei Fahrzeugen wie Argyll, Rolland-Pillain oder Isotta Fraschini eingesetzt wurde. Allgemein wurde dem System jedoch vorgeworfen, dermaßen hart zu sein, daß alle Vorteile hierdurch zunichte gemacht wurden. Daraus entstand die Idee einer mechanischen Servobremse, wie sie bereits seit einiger Zeit im Schiffbau verwendet wurde, im Automobilbau jedoch noch nie eingesetzt worden war. Die Servobremse des H6 funktionierte ungefähr wie eine Trommelbremse, bei der die Trommel vom Getriebe mitgenommen wurde und der

Werbung für MERCEDES-BENZ, 1932.

Werbung für MERCEDES-BENZ,1925-1928.

bewegliche Trommelflansch mit den Zugbalken der Bremse verbunden war. Betätigte der Lenker das Bremspedal, so wurde ein Teil seiner Kraft auf die Trommel der Servobremse übertragen, die dann den Flansch mit sich nahm. Mit anderen Worten, es war die Trägheit des Fahrzeuges selbst, die auf die Bremsen wirkte.
1919 war ein wirksames und leistungsfähiges Bremssystem eine absolute Neuheit, vergleichbar mit der Erfindung der Scheibenbremse vierzig Jahre später.
Neben all diesen klaren Vorteilen verfügte der H6 über ein unsichtbares, aber bezeichnendes Merkmal, nämlich sein geringes Gewicht. Das Fahrgestell wog voll ausgerüstet nur 1250 Kilogramm, während jenes von Isotta Fraschini zum Beispiel mehr als 1600 Kilogramm (mindestens 1800), das des Rolls-Royce Phantom I beinahe zwei Tonnen und das des Renault 40 CV noch etwas mehr auf die Waage brachte. So war das flugzeugtechnische Erbe nicht nur beim Motor zu spüren, sondern beinflußte auch das gesamte Fahrzeugkonzept. Wir haben bis jetzt über die unsichtbaren Fahrzeugteile gesprochen. Kommen wir nun zu den sichtbaren Teilen. Das Fahrgestell des H6 wies alle Eigenschaften der Stilrichtung der Art Deco auf: einfache Linien, harmonische Proportionen, klar differenzierte Massen, Vorliebe für gerade Linien und glatte Oberflächen. Diese Einfachheit jedoch wirkte dank der Verwendung qualitativ hochstehender Materialien und sorgfältiger Verarbeitung alles andere als armselig. Der Hispano Suiza stellte den Ausnahmefall einer gelungenen Synthese von Industrieprodukt und zeitgenössischer Kunst dar. Das Fahrgestell des H6 war eine Antwort sowohl auf die Unordnung unter der Motorhaube eines Silver Ghost als auch auf die pompöse Front

VOISIN C 23 Berlina, 1930, Sechszylindermotor, 3 Liter, Radiatorenkühlung. G. Voisin, ein großer Konstrukteur und Pionier der Luftfahrt, widmete sich ab 1919 dem Automobil und stellte Spezialfahrzeuge für eine extravagante Kundschaft her. Seine technisch absolut avantgardistischen Lösungen wie Servobremse und weiche Schaltung gingen Hand in Hand mit überraschend eckigen Kanten in der Karosserie.

des Mercedes. Der Kühler glich dem der letzten Vorkriegsmodelle, paßte jedoch seine Proportionen den sechs Zylindern mit obenliegender Nockenwelle an. Dennoch behielt er sein klassisches, zeitloses Aussehen. Erstmals thronte auf dem Fahrzeug auch der berühmte Schwan Hispano, der dem Automobil vorauszufliegen schien. Der patriotische Vogel erinnerte Frankreich an die verlorenen Provinzen Elsaß und Lothringen. Die Wahl war auf diese Form gefallen, weil sie das Emblem der Jagdstaffel war, zu der George Guynemer gehörte. Er hatte den Schwan auf den Rumpf seines Spad VII mit Hispano-Motor gemalt und das Bild dadurch berühmt gemacht. Die Idee, den Vogel zum Symbol von Hispano-Suiza zu machen, geht auf Louis Massuger zurück, der den jungen Bildhauer François Bazin beauftragte, den Vogel dreidimensional darzustellen. In versilbertem Material wurde das Tier dann auf die Kühlerverschraubung aller Hispanos der Nachkriegszeit montiert.

Der H6 wurde damit zum Referenzmodell aller Automobilhersteller und übte nachhaltig Einfluß auf alle Fahrzeuge seiner Generation aus. Dieser Einfluß ließ sich sogar bis in die Vereinigten Staaten nachweisen, denn Harley Earl, der Stilist von General Motors, nahm den Hispano als Modell für die Entwicklung der La Salle-, Chevrolet- und Cadillac-Modelle von 1929.

ISOTTA FRASCHINI 8A Coupé de Ville, 1930, Achtzylindermotor, 7373 cm^3, 120 PS. Neben bemerkenswerten mechanischen Eigenschaften verfügte dieses für den reichen amerikanischen Markt bestimmte Fahrzeug auch über eine hervorragende Karosserie.

GRAHAM-PAIGE 621 Sedan, 1928, Sechszylindermotor, 4,7 Liter. Ein klassisches amerikanisches Fahrzeug Ende der zwanziger Jahre, mit konventioneller Mechanik und Karosserie.

0752
TI·114 354

BL · 1983
6

ROLLS-ROYCE Silver Ghost, 1923, Sechszylindermotor, 7428 cm^3, 40-50 PS, Brewster-Karosserie. Dieser Sportwagen wurde im amerikanischen RR-Werk in Springfield (Mass.) hergestellt. Auch die Karosserie stammt vom üblichen amerikanischen Rolls-Karossier.

Werbung für FIAT, 1930.

STUDEBAKER Commander-Eight, 1929, Neunzylinder, 4,10 Liter, 80 PS. Der amerikanische Hersteller, einer der ältesten, suchte in den zwanziger Jahren den Erfolg in den Serienwagenrennen, wo er beträchtliche Leistungen erzielte. Das gezeigte, nicht besonders innovative Modell ist robust und zuverlässig, ein schwerfälliges Fahrzeug ohne die Raffinesse der europäischen Luxusautos.

Werbung für PAKARD, 1932 (USA).

HISPANO-SUIZA J12, 1931, Zwölfzylindermotor, 9,5 Liter. Ein absolut einzigartiges Automobil, eine Synthese der besten Qualitäten aller zeitgenössischer Sportwagen.

BUGATTI 41 Royale, Coupé Chauffeur, 1930, Achtzylindermotor, 12763 cm^3, 250 PS, 180 km/h. Dieser Wagen gilt als das wertvollste Fahrzeug aller Zeiten. Seine enormen Außmaße, aber auch die hervorragende Raffinesse in Mechanik und Karosserie machen ihn zu einem unschätzbar wertvollen Stück. Das Auto ist im Museum von Mülhausen ausgestellt.

Werbung für LINCOLN, 1928 (USA).

LANCIA Lamda 9er Serie, 1932, Vierzylindermotor, 2570 cm^3, 69 PS. Letzte Serie eines absolut revolutionären Autos, mit einer eleganten Karosserie aus dem Hause Farina.

VOISIN C28 Berlina, 1934, Sechszylindermotor, 3300 cm^3, 100 PS, 150 km/h. Wie alle Fahrzeuge von G. Voisin ist dieser Typ seiner Zeit weit voraus, sehr leise, wartungsfreundlich, leicht zu lenken und verfügt über eine sehr spezielle aerodynamische Linie in der Karosserie.

LANCIA Augusta, 231 Berlina, 1933, Vierzylindermotor, 1196 cm^3, 35 PS, 102 km/h. Debütierte beim Pariser Salon 1932 unter dem Namen Belma. Als Mittelklasse- bis Kleinwagen wies er in diesem Bereich die konstruktiven Raffinessen und das typische Finish der Turiner Firma auf.

MR STEPHEN BAKER, PROMINENT NEW YORK BANKER, *purchased the Pierce-Arrow pictured above in 1917. It is still one of the most important cars in his service.*
Convertible Coupe of the Salon Group . . $4275 at Buffalo
Against a background of tradition and quality singular to Pierce-Arrow alone among fine cars, Pierce-Arrow presents today's concept of all that can create distinguished motoring . . . Styled and engineered for those influential groups who have approved Pierce-Arrow for 30 years, and whose preference stamps anything as the finest of its kind, the new Pierce-Arrows are done with characteristic finish and finesse . . . Pierce-Arrow confidently looks to these, the finest cars it has ever produced . . . the very pinnacle of fine car values . . . to extend still further the high position with which it has been honored by two generations.
Twenty-nine New Models . . *with Free Wheeling* . . from $2685 to $6400 at Buffalo
PIERCE-ARROW
(Custom-built Models up to $10,000)

DAIMLER 20 Saloon, 1933, Achtzylindermotor, 4,5 Liter, 32 PS. Daimler und Rolls-Royce waren Lieferanten des englischen Königshauses, was viel über die Eigenschaften dieses Fahrzeuges aussagt. Heute arbeitet Daimler mit Jaguar zusammen.

Werbung für BUICK, 1933 (USA).

BUGATTI 57 C Galibier coach, 1938, Achtzylindermotor, 3257 cm^3 mit Kompressor, 160 PS, 180 km/h. Eines der schnellsten und auch elegantesten Autos der damaligen Zeit. Jedes mechanische Teil und jede einzelne Karosserie wurde von Bugatti wie ein Meisterwerk entworfen.

MERCEDES-BENZ 540 K, Cabriolet, 1938, Achtzylindermotor, 5400 cm^3 mit Kompressor, 180 PS, 170 km/h. Die überaus schnelle und luxuriöse Limousine hatte vier einzeln aufgehängte Räder. Trotz des sehr hohen Preises wurden von dieser Reihe 400 Exemplare hergestellt.

MERCEDES-BENZ und ROLLS-ROYCE stellten in den zwanziger und dreißiger Jahren äußerst luxuriöse Fahrzeuge her. Hier sehen wir als Beispiel eine Reihe von Ausstellungsstücken im Museum von Mülhausen.

LANCIA Astura Berlina, 1935, Achtzylindermotor, 2972 cm^3, 82 PS. Die Motorhaube steigt zur Frontscheibe hin leicht an, während das Fahrzeug als Ganzes aerodynamische Formen annimmt.

HUDSON Super Six Cabriolet, 1929. Ein Speichenrad, elegantes Symbol eines Luxusautos.

CADILLAC V8.

Werbung für PANHARD, 1932 (Frankreich). Die grafische Arbeit stammt von Alexiskow, einem der größten Werbebüros der dreißiger Jahre.

Werbung für CHRYSLER, 1935 (USA).

MAYBACH Zeppelin Berlina, 1931-1932,
Motoren:
Zwölfzylinder, 7 Liter, 150 PS;
Zwölfzylinder, 8 Liter, 200 PS;
Sechszylinder, 7 Liter, 120 PS, und
Sechszylinder, 5,2 Liter, 130 PS.
Die Zeppelin-Serie wurde bis 1939 produziert.

Das qualitativ hochstehende Zeppelin-Modell wurde oft mit seinem Zeitgenossen Rolls-Royce verglichen.

ZEPPELIN

Luxus und Leistung

In den Jahren zwischen 1930 und 1940 gab die Aerodynamik den Ton an. Die Vereinigten Staaten begannen damit, doch Europa folgte bald nach, insbesondere Italien, Frankreich und Deutschland.
Die großen Ausmaße des Luxusautos machten eine volle Ausschöpfung der linearen Konzepte möglich, die sich immer weiter entwickelten. Dies galt vor allem für den Bereich zwischen Kotflügel und Karosserie.
Nach dem Krieg glichen die Modelle im wesentlichen ihren Vorgängern der dreißiger Jahre. Ab 1950 begann jedoch der Wettlauf um Leistung und reich verzierte, verchromte Oberflächen.
Diese Epoche nannte man Styling; am meisten ausgeprägt war sie in den USA.

Ein Beispiel steht für alle. In der Winternummer 1951-1952 der Zeitschrift *Motor Italia* erschien die Beschreibung des Dream Cars „Le Sabre", zusammen mit einer umfangreichen fotografischen Dokumentation.
Wir lesen hier:

ALFA ROMEO

„Keine andere Zeitschrift hat über ‚Le Sabre', die außergewöhnliche Spezialanfertigung von General Motors, eine nur annähernd vergleichbare fotografische Dokumentation veröffentlicht, wie wir sie heute unseren Lesern offerieren können. Dies vorausgesetzt, liefern wir hier einige Daten über das amerikanische Meisterwerk. ‚Le Sabre' – französisch für Säbel – ist der Name eines Düsenjägers der U.S. Air Force. Brooks Stevens liefert uns das Projekt des ‚Excalibur' (der Name des Schwerts von König Arthur). Nun noch einige technische Angaben zur Karosserie, einem Werk von Harley Earl, dem Chef des Styling Department (der stylistischen Abteilung) von General Motors (z.B. Cadillac, Buick, Oldsmobile, Pontiac, Chevrolet, usw.): Radstand 2,921 m, Länge 5,102 m, Vorderspur 1,473 m, Hinterspur 1,524 m, max. Breite (vordere Kotflügel) 1,94 m, Bodenfreiheit 152 mm, Höhe mit geöffnetem Klappverdeck 1,27 m, geschlossen 0,94 m, Länge des verfügbaren Raumes

JAGUAR SS Berlina, 1937-1949, Sechszylindermotor, 3,5 Liter, 125 PS, 145 km/h. Eigenschaften dieses Fahrzeuges sind hohe Leistung, Eleganz, mittlere Preisklasse. Mit diesem Modell bestätigte Jaguar seine bereits 1936 erschienene SS-Reihe.

LA SALLE V8 Touring Convertible, 1939, Achtzylindermotor, 5,67 Liter, 125 PS (Cadillac-Motor). Diese Automobilmarke von GM war als sparsames Modell des berühmten Cadillac konzipiert und fiel oft durch ihre avantgardistische Stilistik auf. 1940 wurde die Marke abgesetzt.

für Passagiere 1,62 m, Höhe 0,91 m, Pneus 13-800. Der Motor ist ein vorverdichtender Achtzylinder-V-Motor, der mit Methanol betrieben eine Leistung von 335 PS erbringt. Wird er mit Benzin hoher Oktanzahl gefahren, erreicht er eine Leistung von 125 PS bei 4000-5000 U/min.
Es gibt demnach zwei Tanks, zwei Vergaser usw. Der Übergang von einem Treibstoff zum anderen erfolgt automatisch, indem das Gaspedal voll durchgetreten wird. Trotz seiner Größe bietet das Fahrzeug nur zwei Sitzplätze. Der Motor befindet sich nach klassischer Art vorne, das Getriebe ist halbautomatisch, beim Dynaflow-Typ des Buick

AUBURN 852 Speedster, Nachbau von 1935. Das Original hatte einen Achtzylindermotor mit Kompressor und leistete 150 PS.

ALFA ROMEO 6C 2500 Super sport, 1940, Sechszylindermotor, 2443 cm^3, 110 PS. Eine schöne Karosserie von Pininfarina für ein leistungsstarkes Fahrzeug.

1935 Auburn Boattail Speedster (Replica)
Ford Motor
8 Zylinder
ca. 300 PS
Moteur Ford
8 cylindres
ca. 300 CV
CARS
PHILIP MORRIS

ZH
550 000
CH

JAGUAR SS 3,5 Liter Berlina, 1947. Die große Motorhaube und die riesigen Scheinwerfer dieses typisch englischen Automobiles sind klare Anzeichen dafür, daß das Fahrzeug vor dem Krieg entworfen wurde, und machen seine besondere Faszination aus.

hydromechanisch (Turbinengetriebe und Planetengetriebe). Bei der Hinterachse handelt es sich um einen De-Dion-Typ, d.h. mit starrem Vorgelege und Differential, achsgestützten Rädern (Achse meist röhrenförmig und gewölbt), Querträgern mit je zwei Achsschenkeln, vergleichbar dem Aurelia.
Wie beim letztgenannten Fahrzeug befinden sich die Bremsen ausgangs des Zentralgehäuses. Die Hinterradaufhängung ist an zwei langen, einblättrigen Federn befestigt; die Aufhängung der Vorderräder erfolgt mit Gummielementen und Einzelradaufhängung. Dank optimaler Verwendung von Leichtmetallegierungen, einschließlich Magnesium, und Spezialstahl (Fahrgestell in Molibdänchromstahl) beträgt das Gewicht nur 1360 kg. Und nun zur Karosserie. Die Türen, deren Scheiben und das Klappverdeck sind elektronisch steuerbar. Eine Sensorzelle gibt automatisch den Befehl zum Schließen des Klappverdeckes, wenn der Wagen mit offenem Verdeck geparkt wird und es plötzlich zu regnen beginnt. Die Scheinwerfer sind versenkbar

und erscheinen automatisch in der ovalen Aussparung, sobald sie vom Fahrer eingeschaltet werden. Auf dem Armaturenbrett befinden sich unzählige Instrumente und rote Kontrollampen, die aufleuchten, wenn sie dem Fahrer etwas zu melden haben. Diesem bleibt nichts anderes übrig, als die Lampen aufmerksam im Auge zu behalten, damit er nicht unangenehm überrascht wird. Von oben gesehen, gleicht das Auto einem spindelförmigen Körper in einer Art Rechteck. Jahre zuvor haben wir einen solchen Entwurf beschrieben, als Fedele Bianco nach unseren Skizzen und Anleitungen eine Reihe von Karosserien für diese Zeitschrift zeichnete. Heute hat Bianco den Sprung nach Detroit geschafft, wo er zusammen mit Harley Earl arbeitet.
Da ‚Le Sabre' freundlicherweise Gast unserer Zeitung ist, müssen wir uns an die Gesetze der Gastfreundschaft halten und werden uns demnach der Kritik enthalten, um so mehr als das amerikanische Modell in den Bildern von Stefano Bricarelli lebt."

Noch Ende der fünfziger Jahre galt der amerikanische Wagen dank seiner Größe als das dominierende Fahrzeug, obwohl bereits die ersten Compact Cars auf dem Markt zu finden waren. Aldo Farinelli äußert sich in der Herbstnummer 1959 der Zeitschrift *Motor Italia* über die amerikanische Präsenz beim Turiner Salon:

LANCIA Aprila 439, Cabriolet, 1939, Vierzylindermotor, 1486 cm³, 48 PS, 113 km/h. Klare Linien und bewußte Einfachheit für ein typisches Produkt der italienischen Schule.

PONTIAC Streamliner Coupé, 1946, Sechs-/Achtzylindermotor, 119/122 PS/103-104 PS.

HORCH 853 Cabriolet, 1939, Achtzylindermotor, 4944 cm^3, 120 PS, 135 km/h.

„Amerika setzt den eingeschlagenen Weg fort, und mit den vielen Millionen Autos, die das Land jährlich produzieren muß, kann es sich keinen technischen Rückschritt leisten.

Die gleichen leichten oder sogenannten kompakten Fahrzeuge, von denen es nun drei neue Exemplare gibt, wurden nicht sehr überzeugend eingeführt. Obwohl sie als Gegenstück zu den europäischen Importen gedacht sind, die sich einem jährlichen Absatz von beinahe einer Million Fahrzeugen nähern, sind sie immer noch schwerfälliger als die Europäer und liegen unter dem durchschnittlichen amerikanischen Standard in bezug auf Finish und Präsentation. Andererseits werden die europäischen Fahrzeuge in Amerika vor allem aus Vorliebe für Ausländisches oder aus sportlicher Koketterie gekauft und nicht aus praktischen Gründen. Der amerikanische Kleinwagen spielt die Rolle eines zweitrangigen Produktes für besonders bescheidene Anforderungen. Wir kommen daher zum Schluß, daß der amerikanische Wagentyp in Wirklichkeit von Salon zu Salon sein eigenes Aussehen verewigt. Dieses Jahr erhält er zudem besonders günstige Kritiken, weil nach stillschweigendem Übereinkommen die Automobilhersteller ihre eigenen Fahrzeuge alle zwei Jahre sichtbar verändern, um für den Markt einen neuen Typ zu schaffen. Überflüssig zu erwähnen, daß die Änderungen alle Details betreffen (z.B. die sechs Zylinder des neuen Kleinwagens Chevrolet ‚Corvair' mit Heckmotor) und daß die Mechanik eher vereinfacht als weiter automatisiert wird. Immerhin sind Getriebe und hydraulische Umformer heute in kleinerem Format erhältlich, so daß sie neben dem Differential

Die Motorhaube stellte für das Luxusauto stets ein besonders repräsentatives Element dar. Mit der Zeit wurden die Symbole auf den Motorhauben zu Erkennungsmarken. Der Indianerkopf steht für Pontiac, der dreigliedrige Stern für Mercedes.

BENTLEY MkVI Berlina, 1940, Sechszylindermotor, 4566 cm³, 150 PS.

MERCEDES-BENZ 170 Berlina, 1939-1947, Siebenzylindermotor, 1,7 Liter.

statt neben dem Motor eingebaut werden können. Dadurch konnte der Boden bei einigen Typen etwas gesenkt werden. Tatsächlich ist bei vielen Herstellern und Modellen, auch wo es keine Hydraulik oder Automatik gibt, eine Tendenz in diese Richtung zu verzeichnen, d.h. der Boden wird gesenkt respektive die Höhe der ganzen Karosserie reduziert.
Die breite und flache Linie, d.h. innerhalb einstweilen kaum wahrnehmbarer Grenzen, scheint daher das letzte und wichtigste Element zu sein, das die neue amerikanische Mode in irgendeiner Weise inspirieren könnte. Die riesigen Heckflossen bleiben jedoch weiterhin im Vordergrund, auch wenn einige überdimensionierte rote Lichtvorrichtungen, so Positionslichter, Blinker oder Bremslichter, die bis jetzt in wahren Lichtvitrinen untergebracht waren, sich

PANHARD 120 Cabriolet, 1957, Achtzylindermotor, 4,6 Liter.

langsam in Einzellichter aufteilen oder zumindest kleiner werden, wobei es auch gegenteilige Ausnahmen gibt, z.B. das riesige, runde Bremslicht des Ford ‚Galaxy'. Auch verchromte Teile sind nach einigen Jahren des *Umbruchs* wieder vermehrt zu sehen. Und Verzierungen, vor allem bei den Verkleidungen der gewaltigen Frontpartien, nehmen überhand. Doppelte Scheinwerfer sind ein absolutes Muß, um die optischen Qualitäten nicht zu beeinträchtigen – wie es der Fall wäre – würden Abblend- und Fernlicht in einem einzigen großen Gehäuse untergebracht. Abschließend zum Thema Amerika sind noch die Fortschritte des selbsttragenden Gehäuses (fast eine tragende Karosserie, jedoch mit einer Art falschem Fahrgestell zur Erleichterung der Montagearbeiten) zu erwähnen, sowie die Vormachtstellung des Achtzylindermotors, der heute (wenn wir richtig gezählt haben) bei 61 amerikanischen Modellen eingebaut ist, gegenüber von nicht einmal einem halben Dutzend Sechszylindern, geschweige denn einem einzigen Vierzylinder."

ROLLS ROYCE Silver Cloud II Berlina, 1959-1962, Achtzylindermotor, 6230 cm³, 200 PS.

Als erster Rolls nach dem Krieg erschien die Silver-Cloud-Reihe. Die Vorgänger Silver Wraith, Silver Dawn und Phantom IV wurden trotz ihres Stiles der dreißiger Jahre bis in die fünfziger Jahre produziert.

ALFA ROMEO 6C 2500, Sechszylindermotor, 2443 cm^3, 95 PS. Das obere Bild zeigt einen 6C aus dem Jahre 1939, das untere einen 6C aus dem Jahre 1947. Als Unterschied wurde in der neueren Version nach amerikanischem Vorbild die Gangschaltung am Steuerrad eingebaut. Kunststoff wurde anfänglich zögernd, nach dem Krieg jedoch immer mehr verwendet.

SUNBEAM-TALBOT 14 Berlina, 1939-1946, Vierzylindermotor, 2 Liter, 56 PS. Der englische Hersteller war bekannt für seine schnellen und luxuriösen Automobile, die er grundsätzlich nach den Modellen von Humber und Hillman baute. Stil und Mechanik waren meist sehr traditionell.

EXIT
PUSH BAR TO OPEN
CGD 155

ALFA ROMEO 1900 Sprint, 1951-1953, Vierzylindermotor, 1884 cm^3, 100 PS. Das Speichenrad, Symbol eines sportlichen und eleganten Wagens.

JAGUAR 1955, Sechszylindermotor, 2,4 Liter, 2483 cm^3, 114 PS, 160 km/h.

ALFA ROMEO Giulietta.

MERCEDES-BENZ 190 SL, 1955-1963, Vierzylindermotor, 1,9 Liter, 105 PS, 170 km/h.

CADILLAC Eldorado Biarritz, 1957, Achtzylindermotor, 5979 cm^3, 306 PS. Ein typischer Fahrersitz eines amerikanischen Wagens der fünfziger Jahre: verchromte und farbige Teile.

CADILLAC, Serie 61, 1951, Achtzylindermotor, 5222 cm^3, 160 PS. Die Linie der Motorhaube wird von Jahr zu Jahr schwerfälliger.

CADILLAC Eldorado Biarritz, 1964, Achtzylindermotor, 6,3 Liter, 340 PS. In den sechziger Jahren nahmen die Heckflossenkonstruktionen ab, die Linien näherten sich der Rechteckform und wurden zugleich weniger schwerfällig.

STUDEBAKER Hawk GT, 1963, Achtzylindermotor, 210 oder 225 PS. Eines der letzten Modelle der alteingesessenen amerikanischen Firma, die ihre Produktion 1966 einstellte. Auch in diesem Falle ist die Form recht schwerfällig geworden.

CHEVROLET Impala, Sport Sedan, 1959, Sechszylindermotor, 3857 cm^3, 135 PS; Achtzylindermotor, 4635 cm^3, 185 PS. Der am besten ausgestattete Chevy des Jahres 1959.

BUICK Limited 700 Rivera Hardtop, Coupé, 1958, Achtzylindermotor, 5962 cm^3, 300 PS.

CADILLAC Eldorado Biarritz, 1960, Achtzylindermotor, 6388 cm^3, 345 PS.

FORD, Thunderbird 63A Hardtop, 1960, Motor 352, Achtzylinder, 5,7 Liter, 300 PS; Motor 430, Achtzylinder, 7,0 Liter, 350 PS.

„Styling" – die Jahre zwischen 1950 und 1960. Das amerikanische Auto als Spiegelbild seines Besitzers: Stoßstangen, Rammbügel und verchromte Teile als Zeichen der Macht.

CADILLAC Convertible Coupé, Serie 62, 1958, Achtzylindermotor, 5979 cm^3, 310 PS.

In den fünfziger Jahren ist jeder Winkel der großen amerikanischen Limousinen verchromt. Stahl ist keine Rarität mehr und wird in der Automobilindustrie großzügig verwendet.
Die Bilder der verchromten Teile und der glänzenden Lacke sprechen für sich. Das abgebildete Fahrzeug ist ein Buick Limited 700 aus dem Jahre 1958.

Die Heckflossen haben aeronautisches Design und werden immer größer und aggressiver. Zusammen mit ausgefallenen Leuchteinheiten dominieren sie die Heckpartie.
Hier das Heck eines Cadillac, Serie 6300 De Ville, 1959.

W312·735

CADILLAC Eldorado Convertible, 1971, Achtzylindermotor, 400 PS.

BUICK Special de Luxe, 1962, Achtzylindermotor, 185 PS. Die beiden Modelle mit Klappverdeck liegen etwas weniger als zehn Jahre auseinander. Der Buick ist jedoch ein sogenanntes Compact-Fahrzeug, d.h. etwas kleiner und vor allem weniger leistungsstark.

FACEI-VEGA F.V.2 Coupé, Viersitzer, 1960, Chrysler-Achtzylindermotor, 5,8 Liter, 325 PS, später 6,3 Liter, 390 PS, 250 km/h. Dieses rasante, erstklassige Automobil war die Antwort der Franzosen auf dem Gebiet der Fahrzeuge mit außerordentlichen Leistungen. 1964 stellte die Firma ihren Betrieb ein.

MASERATI 3500 GT, Coupé 2+2, 1961, Sechszylindermotor, 3485 cm^3, 220 PS. Unter dem amerikanischen Einfluß wurden auch die europäischen GT's in den sechziger Jahren schwerfällig in der Form.

FERRARI 250 GT, Coupé 2+2, 1960, Zwölfzylindermotor, 2953 cm^3, 240 PS, Pininfarina-Karosserie. Mit dieser großen Limousine wollte der Hersteller den Fahrkomfort etwas heben, ohne die spritzige Fahrweise eines Ferrari zu beeinträchtigen. Zu diesem Zweck wurde der Motor um 20 cm vorverlagert, so daß Innen- und Kofferraum etwas vergrößert wurden. Das Resultat gilt im allgemeinen als ausgewogen.

FERRARI Dino 206 GT, 1968, Sechszylindermotor, 1987 cm^3, 180 PS.

FERRARI Mondial T, 1989, Achtzylindermotor, 3405 cm^3, 270 PS. Dieses Modell ist eine Weiterentwicklung des Mondial 3,2 und hat einen Längsmotor und ein querliegendes Getriebe.

Komfort u

FERRARI 308 GTB Berlinetta Scaglietti, 1975-1980, Achtzylindermotor, 2927 cm^3, 240/250 PS. Die Karosserie von Pininfarina wurde ursprünglich in Harzglas, ab 1977 in Stahl hergestellt. Auch die Details wurden liebevoll bearbeitet, wie die Unterscheidungsmerkmale beweisen.

Nach der Ölkrise, während der das Schicksal des Automobiles und insbesondere des Luxusautos im ungewissen lag, deuteten die achtziger Jahre einen erneuten Aufschwung der Limousinen an. Deren Linien sind jetzt weicher, weniger kräftig und aufdringlich. Beim großen Luxusauto ist Diskretion gefragt. Mercedes-Benz ist dafür ein typisches Beispiel. Bezeichnend für die neue Mode ist auch die Präsentation der S-Klasse durch Jürgen Lewandowski in *Auto in Vogue*, Ausgabe April-Mai 1991.

Hier ein Auszug aus dem Artikel:

„Bei unseren Tests haben wir die gesamte Reihe des Basismodells, d.h. vom 300 SE zum Admiralsstück, dem 600er in den SE- und SEL-Klassen (letzterer 10 cm länger), geprüft. Der 600er, der die Bezeichnung W 140 trägt, ist das Ergebnis einer Reihe von interessanten technischen Lösungen, dessen Herzstück der neue, leistungsstarke Zwölfzylindermotor ist. Bevor wir jedoch sein Verhalten auf der

nd Klasse

Straße untersuchen, werfen wir doch einmal einen Blick von außen auf den neuen ‚S‘: absolutes Understatement, weiche Linien, große Eleganz. Dies sind die hervorstechenden Eigenschaften des Designs von Bruno Sacco. Auf den ersten Blick ist der W 140 viel weniger auffallend, als es seine doch beträchtliche Größe vermuten ließe. Die Linie begeistert nicht sofort, sondern erst nach und nach. Dafür behält sie ihren Reiz auch noch nach Jahren. Genau dies ist auch das Ziel von Mercedes Benz. Der Stuttgarter Automobilhersteller will nämlich bis ins Jahr 2000 jährlich 80-90 000 Fahrzeuge verkaufen. Werfen wir nun einen Blick ins Interieur. Luxus, wohin man schaut. Die neu entworfenen Vordersitze sind elektronisch verstellbar. Die obere Befestigung des Sicherheitsgurtes liegt nun auf Schulterhöhe, wodurch das einengende Gefühl wegfällt. Bereits in der kurzen SE-Version haben die Mitfahrer auf dem Rücksitz ausreichend Platz. Beim ‚SEL‘ hingegen sind

BMW-Werbung für die 7er-Reihe, 1988. Die Linie des Elitefahrzeugs basiert immer mehr auf raffiniert einfachen Details. Die Zeiten der Verchromung und der Flossen sind definitiv vorbei.

Innenraum und Bequemlichkeit so großzügig bemessen, als wenn der Mercedes als Staatskarosse für Präsidenten, Monarchen oder Emire gedacht wäre. Darüber hinaus bietet er absoluten Komfort: Klimaanlage mit separatem Luftstrahl zum Fahrer, elektrisch verstellbare Innenrückspiegel, Außenspiegel und Kosmetikspiegel im Dachhimmel für die Fondpassagiere. Außerdem sind zwei Peilstäbe eingebaut, die automatisch ausfahren, wenn der Fahrer (oder eben auch der Chauffeur) den Rückwärtsgang einlegt, so daß Einparken ohne Anstoßen möglich ist. Eines der interessantesten Details der neuen S- Klasse ist die besondere Ausführung der Fenster. Die vier Seitenfenster sind doppelverglast, beide Scheiben, je 3 mm dick, mit einem ebenfalls 3 mm breiten Zwischenraum mit optimal entfeuchteter Luft. Mercedes führte Tests in

ROLLS-ROYCE Silver Spirit, 1982, Achtzylindermotor, 6750 cm^3, 230 PS, 210 km/h.

Werbung für die MERCEDES-BENZ S-Klasse, 1988.

Singapur (max. Luftfeuchtigkeit), in Saudi-Arabien (min. Luftfeuchtigkeit) und in den Anden im ecuadorianischen Guito (max. Temperaturschwankung) durch, um optimale Resultate in bezug auf die thermische Dichtheit zu erzielen."

Schließen möchten wir mit den Worten von Bruno Sacco, dem derzeit Verantwortlichen für den Mercedes-Stil, denn sie scheinen uns das aktuelle Konzept des Luxusautos am besten zu treffen:

„Rekapitulieren wir: Der neue Kühlergrill von Mercedes ist das Ergebnis eines ausgesprochenen Verfeinerungsprozesses, der darauf abzielte, die wesentlichen ausdrucksstarken und traditionellen Elemente des allseits bekannten Karosserie-Details beizubehalten und zu unterstreichen. Wie soll man das formelle Konzept eines Fahrzeuges definieren, wenn Probleme, Lösungen und

BMW 320i, Limousine, 1990, Sechszylindermotor, 1991 cm³, 95-129 PS, 198 km/h.

DAIMLER Double six, 1990, Zwölfzylindermotor, 5345 cm³, 217-295 PS, 230 km/h. Diese große englische Limousine mit dem Jaguarzeichen und einigen wenigen Änderungen in bezug auf das Aussehen kam unter dem Namen Sovereign V12 auf den Markt.

Arbeitsdetails wieder und wieder überarbeitet worden sind? Ziel der neuen S-Klasse ist es, weder zu beeindrucken noch zu provozieren. Im Gegenteil! Die gewollte fehlende Oberflächenstrukturierung bietet keinerlei Gelegenheit für das Forscherauge. Der neue S will optisch liebkost werden. Ich persönlich bin mit unserer Arbeit sehr zufrieden. Offen gesagt wollten wir nur ein sogenannt schönes Auto machen. Heute würde ich es etwas ausführlicher als klassische Improvisation bezeichnen."

Werbung für MERCEDES-BENZ. Charakteristisch für das Luxusauto der neunziger Jahre ist das ausgeprägte Bestreben um Fahrkomfort: Klimaanlage, Sitzkomfort, entspanntere Fahrweise.

CADILLAC Seville, 1982. Bei diesen beiden Luxus-Limousinen sticht der Wunsch nach Klassik hervor. Diese Richtung gilt in Amerika als Rolls-Royce-Stil.

Werbung für den VOLVO 760, 1986.

CITY – LAGO